Tatiana Belinky

A APOSTA

ilustrações
Helena Alexandrino

Dados Internacionais de Catalogação na Publicação (CIP)
(Câmara Brasileira do Livro, SP, Brasil)

Belinky, Tatiana
   A aposta / Tatiana Belinky ; ilustrações Helena Alexandrino. – 5. ed. – São Paulo : Paulinas, 2010. – (Coleção sabor amizade. Série com-fabulando)

   ISBN 978-85-356-2591-2

   1. Literatura infantojuvenil   I. Alexandrino, Helena   II. Título   III. Série

10-00762   CDD-028.5

Índices para catálogo sistemático:
1. Literatura infantil   028.5
2. Literatura infantojuvenil   028.5

Direção-geral: *Ivani Pulga*
Direção de arte: *Irma Cipriani*
Gerente de produção: *Antonio Cestaro*
Supervisão de texto: *Maria de Lourdes Belém*
Projeto gráfico e ilustrações: *Helena Alexandrino*
Revisão: *Mônica Guimarães Reis*
Produção gráfica: *David de Oliveira Lemes*

Revisado conforme a nova ortografia.

5ª edição – 2010
4ª reimpressão – 2025

Nenhuma parte desta obra poderá ser reproduzida ou transmitida por qualquer forma e/ou quaisquer meios (eletrônico ou mecânico, incluindo fotocópia e gravação) ou arquivada em qualquer sistema ou banco de dados sem permissão escrita da Editora. Direitos reservados.

Cadastre-se e receba nossas informações
paulinas.com.br
Telemarketing e SAC: 0800-7010081

Paulinas
Rua Dona Inácia Uchoa, 62
04110-020 – São Paulo – SP (Brasil)
(11) 2125-3500
editora@paulinas.com.br

© Pia Sociedade Filhas de São Paulo – São Paulo, 1996

Qual dos dois era o mais forte?
Sol e Vento discutiam,
Rápido despir um homem
Qual dos dois capaz seria?

— Sou mais forte — disse o Vento —
Mais depressa eu dispo o homem.
Com meu sopro violento,
Qualquer roupa voa e some.

Mas responde o Sol: — Veremos
Qual de nós dois é mais forte.
Se quiser, apostaremos.
— Feito! — disse o Vento Norte.

E soprou então o Vento
No homem, com sua força fria.
Mas o homem, arrepiado,
Mais e mais se defendia.

O seu gorro ele afundava,
O pescoço agasalhando,
O casaco abotoava,
Contra o Vento reclamando.

— Minha vez, amigo Vento!
— disse o Sol — Chegou a hora
Do que você não consegue
Eu tentar fazer agora.

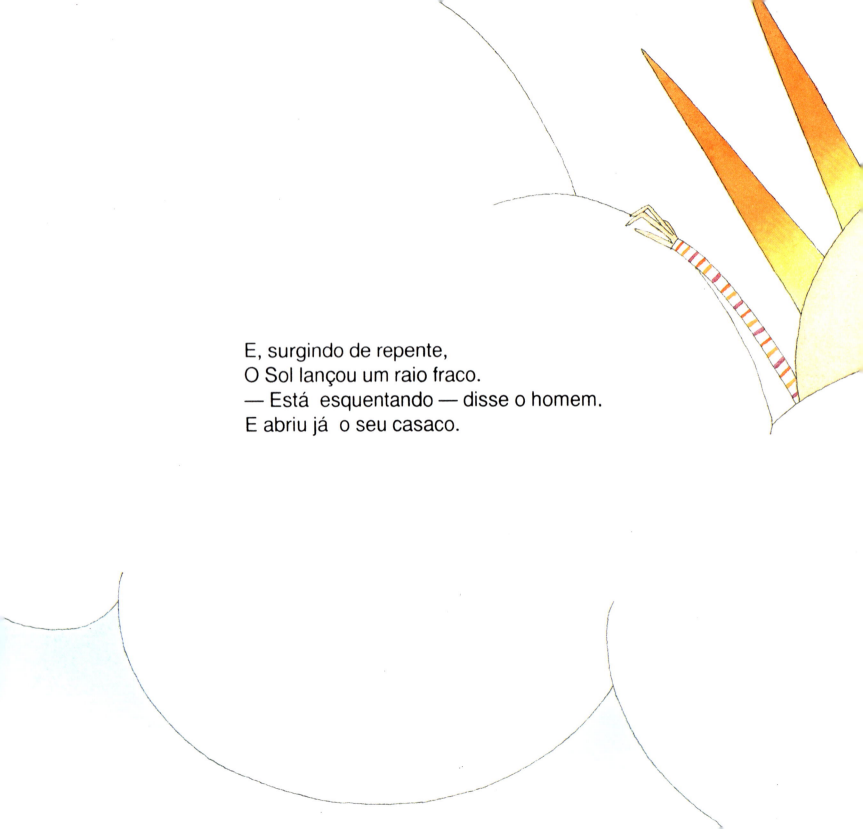

E, surgindo de repente,
O Sol lançou um raio fraco.
— Está esquentando — disse o homem.
E abriu já o seu casaco.

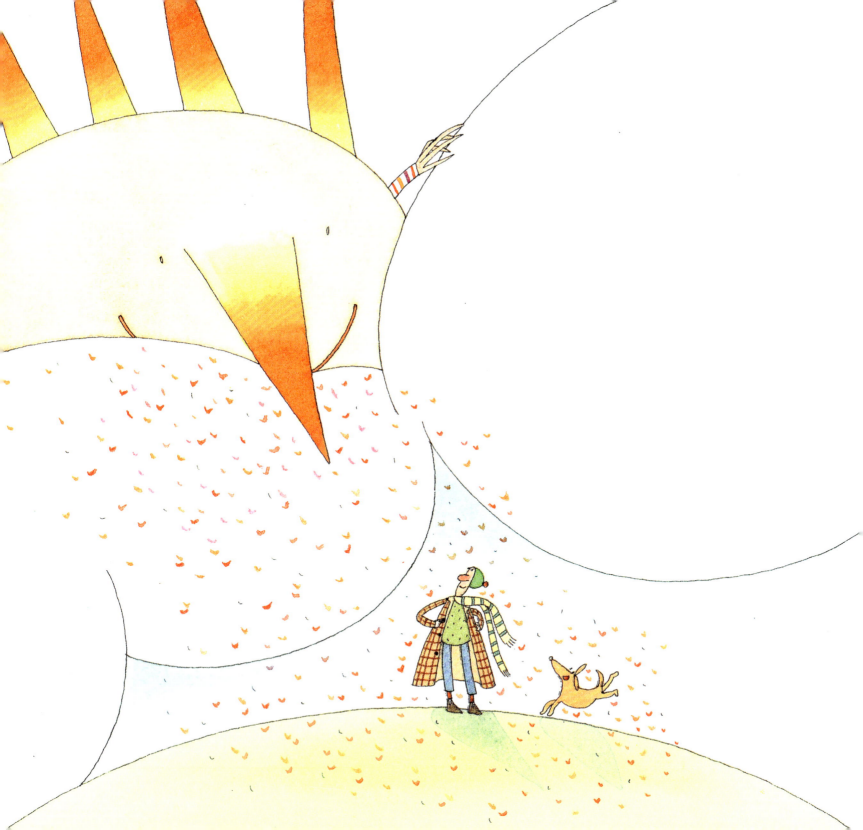

Logo o Sol ficou mais quente.
— Que calor! — falou o homem
— Vou tirar a minha roupa
Enquanto este Sol não some!

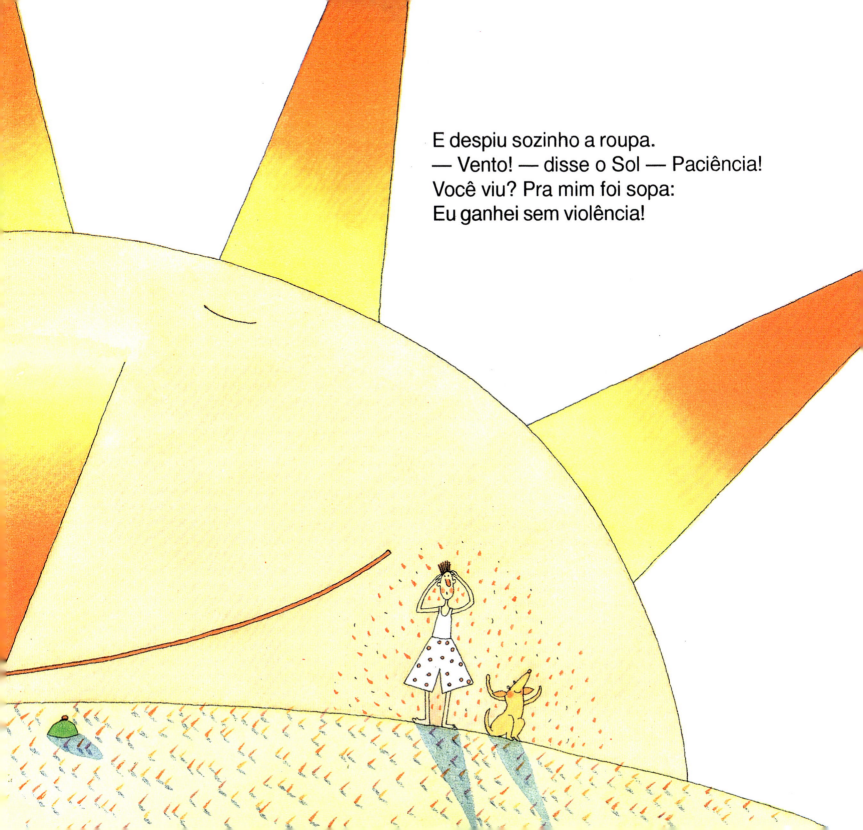

E despiu sozinho a roupa.
— Vento! — disse o Sol — Paciência!
Você viu? Pra mim foi sopa:
Eu ganhei sem violência!

Transposição, em versos, de uma fábula russa de Leon Tolstói, feita por Tatiana Belinky.